엠앤키즈 이것만큼은 꼭! 02

읽다보면 상식이 저절로
초등 필수 백과

초판 1쇄 인쇄 2025년 3월 6일
초판 1쇄 발행 2025년 3월 14일

글 임효진
그림 수아

펴낸곳 M&K
펴낸이 구모니카
마케팅 신진섭
등록 제7-292호 2005년 1월 13일
주소 경기도 고양시 일산서구 고양대로 255번길 45, 903동 1503호(대화동, 대화마을)
전화 02-323-4610
팩스 0303-3130-4610
E-mail sjs4948@hanmail.net
Tistory htts://mnkids.tistory.com

ISBN 979-11-91527-97-1
　　　　979-11-91527-92-6 (세트)

※ 값은 뒤표지에 있습니다. 잘못된 책은 바꾸어 드립니다.

읽다보면 상식이 저절로 **초등 필수 백과**

글 **임효진** 그림 **수아**

엠앤키즈

차례

자연

북극과 남극 • 10
산 • 12
바다 • 14
강 • 16
사막 • 18
화석 • 20
대기권 • 22

우리 몸

우리 몸 • 26
얼굴 • 28
머리카락 • 30
혈액 • 32
사람의 모습 • 34
잠 • 36

물질

철 • 40
소금 • 42
유리 • 44
음식의 원료 • 46

자연 현상

빛 • 50
중력 • 52
노을 • 54
봄 • 56
여름 날씨 • 58
겨울 • 60
기상 현상 • 62
지진 • 64
화산 • 66
물 • 68

상식

이동 수단 • **72**
영화 • **74**
올림픽 • **76**
야구 • **78**
나라 • **80**
피아노 • **82**
만화 • **84**
악기 연주 • **86**
환경 오염 • **88**

동물과 식물

물고기 • **92**
알 • **94**
모기 • **96**
곤충 • **98**
식물 • **100**
나뭇잎 • **102**
꽃 • **104**
소리나 빛을 내는 곤충 • **106**
뱀 • **108**

우주

달 • **112**
별 • **114**
별자리 • **116**
태양계 • **118**
우주 • **120**

북극과 남극
산
바다
강
사막
화석
대기권

자연  북극과 남극

☀ 북극과 남극 중 어느 곳이 더 추울까?

북극은 대륙에 둘러싸인 바다가 얼어서 만들어진 얼음 땅이고, 남극은 바다에 둘러싸인 육지로 이루어진 대륙이에요. 북극은 주위의 바닷물이 태양열도 흡수하고, 저위도에서 흘러온 따뜻한 해류의 영향도 받지만, 남극은 남극 대륙을 뒤덮은 얼음이 태양열을 반사해서 남극이 더 춥답니다.

☀ 북극에는 어떤 동물이 살까?

북극을 대표하는 동물은 바로 북극곰이에요. 북극곰은 물속을 헤엄치기도 하고, 얼음 위를 걸어 다니기도 하며 여러 동물을 잡아먹으며 생활한답니다. 또 눈처럼 하얀 보호색을 가진 북극여우, 북극 토끼가 있고, 커다란 뿔을 가진 순록이 살고 있답니다.

☀ 남극 황제펭귄은 어떻게 추위를 견딜까?

남극의 겨울은 기온이 영하 45도에 이르는 매서운 추위와 초속 50m의 강풍이 몰아치는 날씨랍니다. 이렇게 추울 때 황제펭귄 수컷들은 몸을 밀착시켜 무리를 지어 추위를 견딘답니다. 바람이 불어오는 반대쪽을 향해 고개를 숙이고 서로의 몸을 붙이면 무리 안에 온도는 영상 20도에 이른다고 합니다. 황제펭귄 무리는 바람이 불어가는 방향으로 서서히 이동하면서 무리의 가장자리에 있는 펭귄과 안에 있는 펭귄의 위치가 바뀌어 추위를 견딘다고 해요.

산은 어떻게 만들어졌을까?

지구에는 커다란 대륙들이 있는데, 이 대륙과 대륙이 만나면 어떤 곳은 위로 솟아오르고, 어떤 곳은 아래로 내려앉으면서 산이 만들어져요. 그리고 물이나 빙하가 녹아 흐를 때 땅이 침식되어 깎이고 깎이면 골짜기가 생기면서 산이 만들어진답니다. 또 땅속의 마그마가 분출해서 용암이 흐르면 산이 만들어지지요.

세계에서 가장 높은 산은 무엇일까?

티베트와 네팔 지역에 있는 히말라야산맥의 에베레스트산이 세계에서 가장 높은 산이에요. 에베레스트산은 바닷물의 표면인 해수면으로부터 높이가 8,848미터나 된답니다. 에베레스트산은 산의 높이를 쟀던 사람인 조지 에베레스트의 이름을 따서 붙였고, 다양한 이름이 존재해요. 티베트에서는 '초모룽마' 또는 '땅의 어머니 여신'이라고 불렀고, 네팔에서는 '사가르마타'라고 부른답니다.

우리나라에서 가장 높은 산은?

우리나라는 국토의 대부분이 산으로 이루어져 있어요. 그중에서 가장 높은 산은 해수면으로부터 높이가 1,947미터인 제주도의 한라산이에요. 한라산은 화산이 폭발해서 만들어진 산이랍니다.

백두산은 2,590미터로 한반도에서 가장 높은 산이고, 백두산 역시 화산이 폭발해서 만들어진 산이에요.

자연 바다

☀ 바닷물은 왜 짠맛이 날까?

아주 오래전 지구가 생길 때 깊은 바닷속에 깔려 있던 암석에는 소금 성분이 포함되어 있었어요. 바닷물이 이 성분들과 함께 공기 중으로 올라간 뒤 비가 되어 땅으로 내리고, 다시 강물이 되어 바다로 흘러가지요. 이런 과정이 반복되면서 바닷물에서 짠맛이 나는 거랍니다.

☀ 가장 짠 바다는 어디일까?

지구를 이루는 대부분의 바닷물은 짠맛이 나지만, '죽음의 바다'라고 불리는 사해라는 곳이 가장 짠 바다예요. 사해에는 1리터에 275그램의 소금이 포함되어 있어서 세계에서 가장 짠 곳이랍니다. 이런 곳에 사람이 들어가면 물에 둥둥 떠 있을 수 있어서 튜브 없이 수영할 수 있고, 책도 읽을 수 있다고 해요.

☀ 바닷물도 꽁꽁 얼 수 있을까?

원래 물은 0도가 되면 얼기 시작하는데, 바닷물은 그것보다 조금 더 낮은 영하 2도 정도에서 얼기 시작해요. 하지만 바닷물에는 소금 성분이 섞여 있고, 계속해서 움직이기 때문에 정말 추운 날씨가 아니라면 쉽게 얼지 않는다고 해요.

자연 > 강

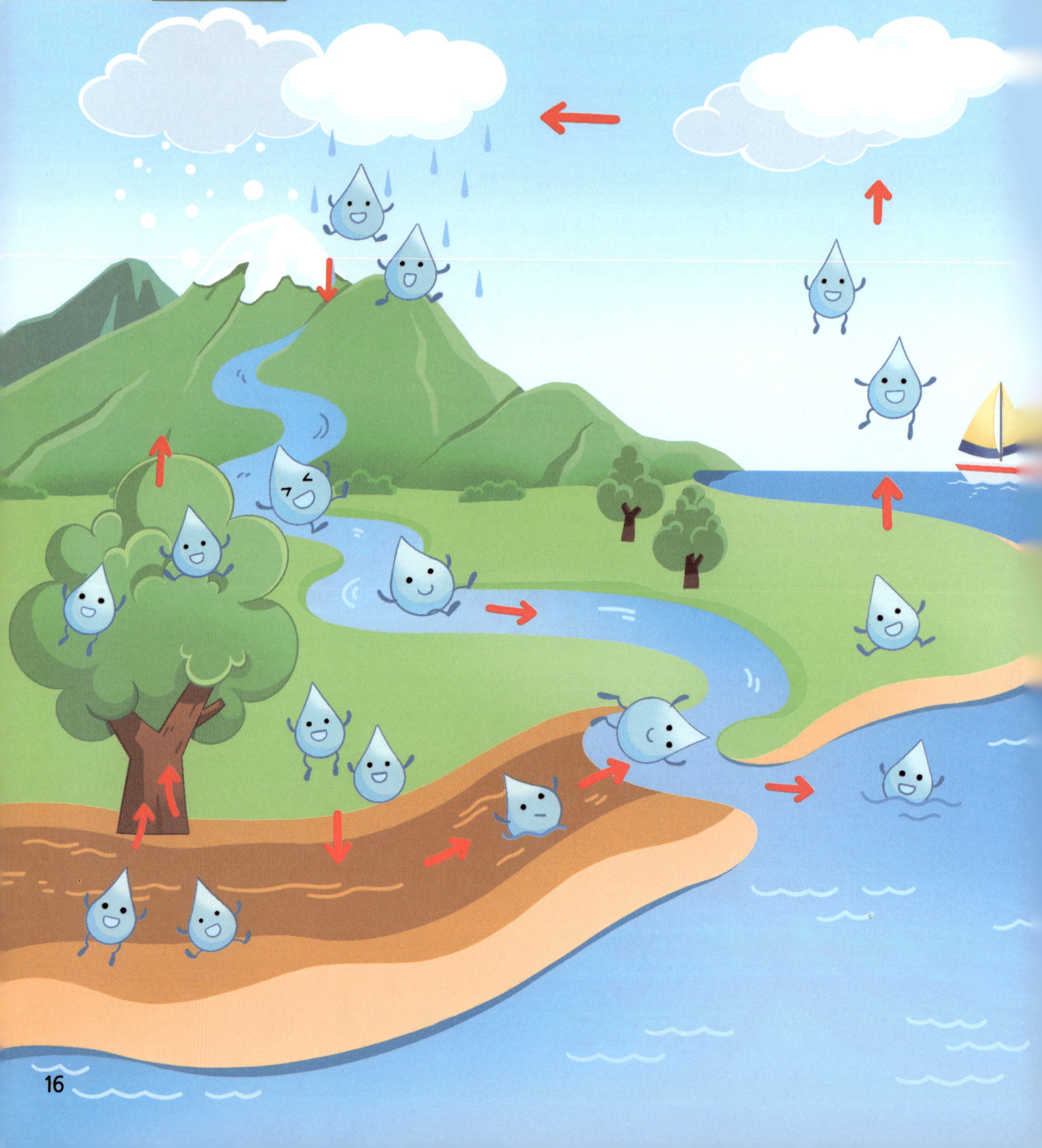

☀ 강은 어떻게 만들어질까?

바다에서 증발한 수증기가 하늘로 올라가면 구름이 만들어져요. 구름을 이루고 있는 물방울들이 뭉치고 뭉치다보면 무게가 무거워져서 지구 중력에 의해 땅으로 떨어지게 되지요. 그것이 우리가 알고 있는 비랍니다. 이렇게 비가 내리면 빗물이 모여 개울이 되고, 개울은 시냇물이 되지요. 이런 시냇물들이 모이면 큰 강이 되고, 다시 바다로 흘러간답니다.

☀ 우리나라에서 가장 긴 강은 어떤 강일까?

우리나라에서 가장 긴 강은 남부 지역에 있는 낙동강입니다. 길이가 약 510킬로미터로 가장 길지요. 서울을 가로지르는 한강은 약 494킬로미터로 두 번째로 길답니다.

☀ 강과 바다는 어떤 점이 다를까?

바다는 육지를 둘러싸고 있고, 강은 육지 내에서 흐르는 물줄기예요. 또 바다는 소금 성분이 들어있어 짠맛이 나지만, 강은 바다에서 순수한 물이 증발해서 비로 내리면서 만들어졌기 때문에 소금 성분이 없지요. 그리고 바닷물은 잘 얼지 않지만, 강은 잘 얼어요. 그래서 추운 겨울에 강에서 눈썰매나 스케이트를 탈 수 있답니다.

☼ 낙타는 물 없이 어떻게 지내는 걸까?

낙타는 사막에서 꼭 필요한 동물이에요. 낙타가 물 없이 지낼 수 있는 시간은 싣고 있는 짐의 무게와 걷는 속도에 따라 달라지는데, 힘들지 않고 천천히 여행한다면 6~10일까지 견딜 수 있다고 합니다. 낙타는 등에 있는 혹에 지방을 저장해 두었다가 음식이 모자라면 사용해요.

☼ 선인장은 왜 뾰족한 가시가 있을까?

선인장의 줄기는 물통과 같은 역할을 해요. 사막에도 가끔 비가 내리는데, 비가 내릴 때 물을 많이 저장해 놓았다가 영양분을 만들어서 살아갈 수 있답니다. 건조한 사막 지역에 사는 선인장은 물이 증발하는 것을 막고, 다른 동물에게 먹히지 않기 위해 잎이 가시로 되어 있어요.

☼ 사막에는 왜 모래가 많을까?

사막은 비가 1년 동안 아주 적게 내리기 때문에 날씨가 매우 건조하고, 대기가 불안정해서 돌풍이 자주 발생합니다. 이 돌풍 때문에 돌과 돌끼리 부딪혀 쪼개지는 침식 작용이 일어나서 모래가 만들어지고, 이러한 현상이 오랜 시간 동안 계속 반복되면 모래가 많이 만들어져 사막에 모래가 많은 거예요.

☼ 오아시스는 무엇일까?

사막의 땅속에는 지하수가 흐르고 있는데, 돌풍이 불어 사막의 모래가 많이 이동하면 지하수의 모습이 드러나게 되지요. 이렇게 만들어진 것을 오아시스라고 해요. 그런데 세균이 많아서 먹으려면 끓이거나 깨끗하게 걸러서 먹어야 한다고 해요.

자연 > 화석

☀ 화석은 어떻게 만들어질까?

　동물이나 식물이 죽고 나면 점점 썩게 되지요. 하지만 죽은 동물이 아주 오랜 시간 동안 흙에 묻혀 있으면 살은 썩어 없어지고, 뼈는 천천히 분해되지만, 흙에 포함되어 있던 광물이 그 빈자리를 채우면서 단단해져 뼈의 모양이 그대로 보존된답니다. 또 동물이나 식물이 죽고 나서 흙에 그 형태가 남아 있기도 한데, 이것도 화석이 될 수 있어요.

　화석은 생물이 썩기 전에 흙 속에 빨리 묻혀야 하고, 심한 지각 변동 작용을 받지 않고 흙 속에서 온전하게 잘 보존이 되어야 현재 우리에게 발견될 수 있답니다.

☀ 가장 오래된 화석은 무엇일까?

　지금까지 가장 오래된 화석은 호주에서 발견된 스트로마톨라이트라는 화석이에요. 아주 작은 남세균이라는 세균이 여러 광물과 뒤섞여 오랜 시간 동안 굳어서 만들어졌답니다. 남세균은 남색 세균이라는 의미이고, 광합성을 하는 최초의 생물이에요. 이러한 남세균이 만든 스트로마톨라이트라는 화석은 나이가 35억 년이나 되었다고 해요.

☀ 화석의 나이는 어떻게 알 수 있을까?

　화석에는 방사성 물질이 포함되어 있어요. 방사성 물질은 수천 년에 걸쳐서 규칙적으로 조금씩 줄어들면서 새로운 생성물을 만들어 낸답니다. 발견된 화석에서 남아 있는 방사성 물질의 양과 새롭게 생성된 물질의 양을 측정하면 식물이나 동물의 화석이 얼마나 오래전에 살았는지 알아낼 수 있는 거예요.

 자연 > **대기권**

열권

중간권

오존층

성층권

대류권

☀ 무지개는 어떻게 생길까?

햇빛은 여러 가지 색이 합쳐져 있어요. 이런 햇빛이 대기 중에 떠 있는 구름 속의 작은 물방울을 통과하면서 그 속에서 굴절되면 합해져 있던 빛이 각각 빨강, 주황, 노랑, 초록, 파랑, 보라색과 같이 여러 가지 색으로 나뉘게 된답니다. 비가 온 뒤에는 하늘에 이런 작은 물방울들이 많아서 알록달록 무지개를 잘 볼 수 있지요. 무지개는 대기권에서 지표면과 가장 가까운 곳에서 생긴답니다.

☀ 비행기는 어디로 다닐까?

지구를 둘러싸고 있는 대기는 지표면에서부터 높이가 높아질수록 달라지는 기온의 변화에 따라 대류권, 성층권, 중간권, 열권으로 나눌 수 있어요. 공기의 대부분은 땅과 가까운 대류권에 있고, 대류권에서는 공기가 위 아래로 순환하여 구름이 만들어지고 비가 내리는 등의 기상 현상이 일어나지요. 비행기는 그 위에 있는 성층권에서 다닌답니다. 성층권은 공기가 위아래로 움직이지 않는 안정한 상태이기 때문에 비행기가 다닐 수 있는 거예요.

☀ 오로라는 왜 생기는 것일까?

태양에서 발생하는 입자가 지구 대기의 상층 부분에 닿으면 가스를 만들어 밝은색으로 일렁거리는 빛의 고리처럼 보이는 현상을 오로라라고 해요. 극지방 근처의 밤하늘에서 볼 수 있는데, 오로라를 구경하기 좋은 곳은 알래스카 북부, 캐나다의 허드슨 만, 노르웨이 북부, 시베리아 북부예요.

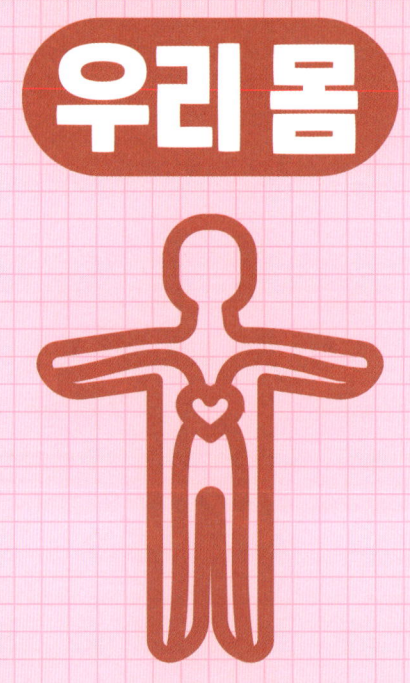

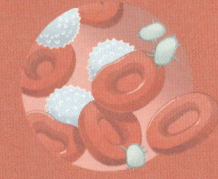

우리 몸
얼굴
머리카락
혈액
사람의 모습
잠

우리 몸

26

♥ 우리 몸의 뼈는 몇 개일까?

사람의 뼈는 아기의 뼈와 어른의 뼈의 개수가 다르다고 해요. 태어날 때는 300개 이상 있는데, 어른이 되면서 206개 정도로 줄어요. 몸이 커지면서 작은 뼈들이 서로 이어지고 붙어 크고 튼튼한 뼈로 성장하기 때문이에요.

♥ 배에서는 왜 꼬르륵 소리가 날까?

배가 너무 고플 때 배에서 '꼬르륵'하고 소리가 날 때가 있어요. 이것은 소화할 음식을 달라는 신호랍니다. 소화는 내가 하려고 하지 않아도 자연스럽게 일어나는 일이라서 위가 비어 있어도 근육은 계속 움직인답니다. 위벽이 꿈틀꿈틀 움직이고, 소화액과 위산이 섞이는 소리가 꼬르륵하고 들리는 거예요.

♥ 뇌의 무게는 얼마나 될까?

뇌는 사람의 여러 기관 중에서 가장 중요한 기관이에요. 무게는 어른 기준으로 1.5킬로그램 정도 된다고 해요. 사과 3개~4개 정도의 무게와 비슷하답니다.

뇌도 몸의 근육처럼 에너지를 소비하는데, 우리가 숨 쉬는 공기의 20퍼센트, 먹는 음식의 20퍼센트, 전체 혈액의 15퍼센트를 뇌가 사용한다고 해요.

우리 몸 > 얼굴

눈은 왜 깜빡일까?

우리는 하루에도 수천 번씩 눈을 깜빡이는데, 그때마다 눈물이 조금씩 나와서 눈 전체에 퍼지게 한답니다. 눈물은 눈을 마르지 않게 해주고, 먼지나 이물질을 씻어 주는 역할을 하지요. 눈물은 윗눈꺼풀 안에 들어 있는 눈물샘에서 만들어진답니다.

입술은 왜 빨간색일까?

피부 두께는 평균 2밀리미터 정도인데, 입술의 피부 두께는 0.2밀리미터로 1/10 정도 더 얇아요. 그리고 피가 흐르는 혈관의 수가 많아서 입술의 색이 붉게 보이는 것이랍니다. 그래서 입술의 색만으로도 어디가 아픈지도 알 수 있다고 해요.

눈썹과 속눈썹은 왜 있을까?

더운 여름에 이마에서는 땀이 흐릅니다. 이때 이마를 타고 내려오던 땀이 눈썹에 닿으면 눈 옆으로 흘러내리지요. 또 먼지가 날아다니다가 속눈썹에 닿으면 눈을 감게 됩니다. 이처럼 눈썹과 속눈썹은 눈에 이물질이 들어가지 않도록 보호하는 역할을 한답니다.

주근깨는 왜 생길까?

모든 사람의 피부에는 '멜라닌'이라는 갈색 색소가 있어요. 멜라닌의 양에 따라 피부의 색이 결정되지요. 그런데 피부에서 세포를 만들 때 멜라닌을 무리 지어 만들어 내는데, 이것을 주근깨라고 부른답니다. 주근깨는 주로 눈 밑이나 뺨에 생긴답니다.

머리카락은 왜 있을까?

사람의 몸에는 이곳저곳에 털이 나 있답니다. 그중에서 머리에는 가장 많은 털이 있는데, 그것을 머리카락이라고 하지요. 머리는 사람의 몸에서 굉장히 중요한 역할을 해서 보호가 필요해요. 머리카락은 태양에서 오는 해로운 자외선을 막아 주고, 더울 때는 체온을 내려 주고, 추울 때는 체온을 유지시켜 주는 역할을 한답니다.

머리카락을 자르면 왜 아프지 않을까?

우리 몸은 자신을 보호하기 위해 온몸에 통증을 느끼는 신경이 퍼져 있답니다. 그런데 몸에서 자라 나와서 몸과 연결되어 있더라도 통증을 느낄 수 없는 부분이 있어요. 바로 손톱, 발톱, 머리카락이지요. 손톱과 발톱은 케라틴이라는 단백질이 만들어질 때 원래 있던 세포들이 밀려나면서 생기는 것이고, 머리카락은 피부 세포가 자라면서 점점 바깥쪽으로 밀려 나온 죽은 세포랍니다. 그래서 잘라내더라도 통증을 느낄 수 없다고 해요.

사람의 머리카락은 몇 개일까?

머리카락의 개수는 10만 개 정도라고 해요. 머리카락은 하루에 70~80개 정도가 빠진답니다. 그리고 빠진 자리에서는 새로운 머리카락이 자라난답니다. 머리카락은 우리 몸의 열이 머리를 통해 빠져나가는 것을 막아서 몸을 따뜻하게 해주고, 충격으로부터 뇌를 보호해 주기 때문에 머리카락을 잘 관리하는 것이 중요하답니다.

혈액은 왜 빨간색일까?

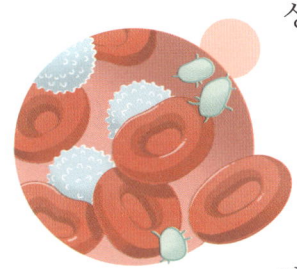

상처가 나면 빨간색 피가 나는 것을 볼 수 있어요. 피는 물과 단백질로 이루어진 혈장과 세포 성분인 적혈구, 백혈구, 혈소판으로 구성되어 있지요. 그중에서 적혈구에 있는 헤모글로빈이 빨간색이기 때문에 피가 빨간색으로 보이는 것이랍니다. 헤모글로빈은 산소와 결합하면 선명한 빨간색을, 산소를 세포에 전달하고 나면 검은색이 도는 빨간색을 띤답니다.

혈액은 어떤 역할을 할까?

혈액이 돌아다닐 수 있는 혈관은 온몸에 퍼져 있습니다. 아주 좁고 가느다란 모세 혈관에서는 적혈구 1개가 지나갈 수 있을 정도라고 해요. 적혈구는 주변의 세포에 산소와 영양분을 전달해 주고, 세포에서 나오는 이산화탄소와 노폐물을 가지고 나온답니다. 이처럼 혈액은 온몸을 순환하며 생명을 유지하는 데 핵심적인 역할을 한답니다.

혈액의 양은 얼마나 될까?

온몸을 돌아다니는 피는 우리 몸에 얼마나 들어있을까요? 몸무게가 50킬로그램인 사람의 몸에는 3.5리터 정도, 70킬로그램인 사람의 몸에는 5.5리터 정도의 피가 들어있다고 해요. 그런데 몸무게가 증가하거나 음식을 짜게 먹으면 몸의 체액량이 증가해서 피의 양도 늘어난다고 해요.

사람은 어떻게 자랄까?

성장 호르몬은 몸을 자라나게 하고, 재생을 돕는 호르몬이에요. 뇌의 아랫부분에 있는 뇌하수체에서 성장 호르몬이 분비되지요. 성장 호르몬은 세포 분열을 일으켜 성장 속도를 높입니다. 세포 분열을 하면서 세포가 많아지고, 몸이 자라는 것이지요. 하지만 성장은 언젠가는 멈춘답니다. 그래서 계속 커지지는 않는 거예요.

머리카락의 모양이 다른 이유는 무엇일까?

머리카락은 두피에 있는 모낭이라는 조그만 구멍에서 만들어지고 자라는데, 모낭의 모양에 따라서 머리카락의 모양이 달라져요. 모낭이 둥글면 직선 형태의 머리카락, 타원형이면 약간 구불구불한 머리카락, 사각형이면 뽀글뽀글한 곱슬머리가 만들어진답니다.

사람마다 눈 색깔이 왜 다를까?

눈동자를 자세하게 관찰하면 눈으로 들어오는 빛의 양을 조절하는 홍채를 볼 수 있어요. 홍채에는 멜라닌 색소가 있는데, 멜라닌 색소는 빛으로부터 홍채를 보호하는 역할을 한답니다. 그리고 멜라닌 색소가 적으면 홍채의 색이 녹색 또는 파란색을 띠고, 멜라닌 색소가 많으면 갈색이나 진한 갈색 또는 검은색에 가까운 갈색을 띤답니다.

우리몸 > 잠

36

왜 잠을 꼭 자야 할까?

아침에 일어나서 학교에 가고, 밥 먹고, 뛰어다니거나 친구들과 게임을 하거나 생각하고, 공부하고, 눈으로 여러 곳을 보기도 하며 우리 몸은 하루종일 쉬지 않고 움직이지요. 이렇게 에너지를 사용하면 근육에 노폐물이 쌓이며 피곤함을 느낀답니다. 잠을 자면 우리의 몸도 쉬게 되지만, 특히 뇌가 쉬는 시간이랍니다. 그러니 꼭 잠을 자야겠지요?

졸리면 왜 하품을 할까?

잠을 충분히 못 잤다거나 피곤할 때 우리 몸은 무의식적으로 하품을 하게 된답니다. 또 뇌에 공급되는 산소가 부족하다고 느껴지면 하품을 하면서 부족한 산소를 더 많이 받아들인다고 해요.

또 혈액이 몸속을 돌아다닐 때 잘 순환되지 않으면 혈액 순환을 잘 되게 하기 위해서도 하품을 하게 된다고 해요.

꿈은 어떻게 꾸는 걸까?

꿈은 우리가 잠을 잘 때 뇌를 구성하고 있는 뇌세포들이 전기적인 활동을 하면서 만들어낸 현상이라고 해요.

깊게 자는 잠이 있고 얕게 자는 잠이 있는데, 얕게 잠을 잘 때 꿈을 꾼다고 하지요. 꿈은 우리가 경험한 정보들을 뇌에서 기억하고 정리하기 위해 꾼다고 해요. 꿈은 자는 동안 여러 번 꾸는데, 우리가 기억하는 꿈은 깨기 직전에 꾸는 꿈만 기억하는 거랍니다.

철
소금
유리
음식의 원료

시간이 지나면 철은 왜 녹이 슬까?

철은 다른 금속들보다 매우 단단해서 물건을 고정할 때 사용하는 못이나 손을 잡고 몸을 기댈 수 있는 난간에 사용합니다.

그런데 오랜 시간이 지나면 붉게 녹이 스는 것을 볼 수 있어요. 이것은 공기 중이나 물에 포함된 산소와 철이 결합했기 때문이랍니다. 그래서 철로 만든 물질에 기름을 칠하거나 페인트를 바르면 산소를 차단할 수 있어서 녹이 스는 것을 막을 수 있답니다.

철은 어디에 있을까?

지구는 다양한 원소들로 이루어져 있는데, 그중 철이 가장 많이 차지하고 있어요. 철은 지구 중심에 가장 많이 있다고 해요. 지구 중심부에는 철이 90퍼센트 정도를 차지한답니다. 그럼 생명체가 살고 있는 땅에는 얼마나 있을까요? 땅에는 산소라는 원소가 가장 많고 철은 네 번째로 많은 원소예요. 철은 철광석의 형태로 땅에 묻혀 있고, 이것을 캐내어 철만 잘 골라내면 우리가 사용할 수 있는 철로 만들 수 있답니다.

우리 몸에도 철이 있을까?

우리 몸을 순환하는 혈액에 적혈구라는 세포가 있어요. 적혈구 안에는 빨간색을 띠는 헤모글로빈이라는 단백질이 있지요. 이 헤모글로빈 안에 철과 산소가 들어있답니다. 어른 한 사람의 몸 안에 들어있는 철의 양을 모두 모으면 3.5그램 정도가 된다고 해요. 아주 적은 양이라서 자석에 끌려 오지는 않는답니다.

소금은 어떻게 만들까?

짠맛을 내는 소금은 바닷물을 증발시켜 만들 수 있답니다. 기온이 높고 맑은 날에 염전에 바닷물을 가두고 태양열과 바람을 통해 바닷물을 증발시키면 하얗게 소금 결정이 생기지요.

바닷물에는 소금이 얼마나 있을까?

바닷물에는 다양한 성분이 녹아 있는데, 그중 염화 나트륨이라는 성분이 가장 많이 녹아 있어요. 염화 나트륨이 바로 소금이랍니다. 바닷물 1리터에 34그램 정도의 소금이 녹아 있다고 해요. 모든 바닷물의 짠 정도는 달라요. 비가 많이 내리거나 강물이 많이 흘러드는 곳의 바닷물은 조금 덜 짜고, 비가 적게 오거나 물의 증발이 활발하게 일어나는 지역의 바닷물은 더 짜답니다.

소금물에서는 왜 전기가 흐를까?

소금을 염화 나트륨이라고도 부르는데, 염소라는 원소와 나트륨이라는 원소가 결합한 것이랍니다. 소금을 물에 녹이면 염소 이온과 나트륨 이온으로 분리되고, 이것을 이온화되었다고 말해요. 이때 전류를 흘려주면 염소 이온은 (+)극으로, 나트륨 이온은 (-)극으로 이동하면서 전기가 흐르게 되지요.

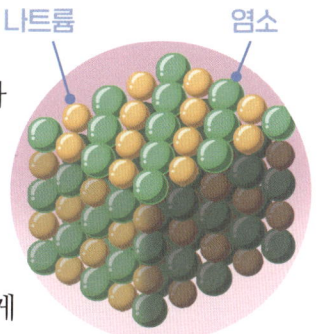

물질

유리

유리는 무엇으로 만들었을까?

모래에 들어 있는 물질인 규소로 유리를 만들 수 있어요. 규소와 소다, 석회석을 펄펄 끓여서 완전히 녹이면 물엿처럼 부드럽고 끈적이는 액체 상태의 유리가 되지요. 이것을 식혔다가 열을 가하고, 다시 식히는 과정을 거치면 단단한 유리가 만들어지게 된답니다.

유리는 고체일까 액체일까?

유리는 굳는 속도가 매우 빨라서 유리를 이루고 있는 입자들이 규칙적으로 배열될 시간이 없어요. 굳으면 겉으로 보기에는 단단해서 고체처럼 보이지만 그 속은 액체일 때의 성질을 그대로 갖고 있게 돼요. 그래서 유리를 '흐르는 성질이 작은 액체'라고 한답니다. 유리가 흘러내리는 것을 보려면 몇 백 년 정도 기다려야 볼 수 있다고 해요.

유리는 왜 투명할까?

물체는 빛을 통과시키지 못하면 불투명하게, 빛을 통과시키면 투명하게 보여요. 유리는 사람이 볼 수 있는 빛을 통과시키기 때문에 투명하게 보인답니다. 그리고 유리를 이루는 알갱이들의 크기가 거의 같아서 빛이 퍼지지 않고 곧게 나갈 수 있도록 하지요.

물질 음식의 원료

초콜릿은 언제부터 먹었을까?

아주 오랜 옛날 남미의 원주민들이 코코아 열매를 갈아서 음료로 만들어 마신 것이 초콜릿의 시작이에요. 초콜릿은 19세기까지만 하더라도 음료로 마셨었는데, 기술이 발달하고 우유가 첨가되면서 요즘 우리가 먹는 단단한 초콜릿이 되었답니다.

껌은 누가 만들었을까?

껌의 원료는 치클이라고 하는데, 사포딜라 나무껍질에 상처를 내서 나오는 액체를 굳힌 물질이에요. 멕시코의 아스텍 인디언들이 이를 닦기 위해 씹었다고 합니다. 1872년 토머스 애덤스라는 사람은 치클로 고무를 만들려고 했는데, 토머스의 아들이 껌으로 만들자고 제안을 해서 치클에 설탕과 향료를 넣어 오늘날 우리가 씹는 껌을 만들게 되었다고 해요. 그가 만든 첫 번째 껌은 '블랙잭'이라는 이름으로 판매되었답니다.

커피는 어떻게 만들까?

커피는 커피나무에서 열리는 커피콩을 볶아서 가루로 만들어 따뜻한 물에 우려내어 마시는 음료예요. 커피는 카페인이라는 성분이 들어 있어서 사람의 몸을 각성시키는 효과가 있다고 합니다. 그래서 졸릴 때 커피를 마시면 졸리지 않는다고 해요. 커피는 세계적으로 가장 많이 마시는 음료 중 하나이고, 우리나라에서는 1902년에 최초로 커피를 판매했다고 해요.

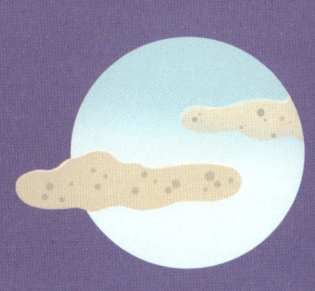
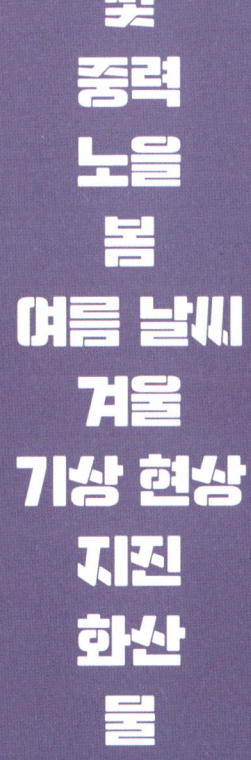

빛
중력
노을
봄
여름 날씨
겨울
기상 현상
지진
화산
물

자연 현상

빛

50

빛이 프리즘을 통과하면 어떻게 될까?

어두운 방에서 커튼에 바늘로 작은 구멍을 뚫은 다음 들어오는 빛을 프리즘에 통과시키면 빛이 휘어지면서 무지개색으로 나뉘어요. 프리즘은 삼각기둥 모양의 투명한 물체인데, 빛을 나눠주는 역할을 합니다. 이렇게 빛이 프리즘을 통과하여 나뉘는 현상은 영국의 과학자 뉴턴이 처음으로 발견하였어요.

적외선과 자외선은 무엇일까?

빛은 파장의 길이에 따라 여러 가지로 나눠집니다. 파장이 가장 짧은 순서대로 감마선-X선-자외선-가시광선-적외선-라디오파로 나눌 수 있어요. 그중에서 가시광선의 빨간색 파장보다 긴 파장을 적외선이라고 하고, 보라색 파장보다 짧은 파장을 자외선이라고 해요.

뼈 사진은 어떻게 촬영할까?

빛의 여러 파장 중에서 자외선보다 좀 더 짧은 파장을 X선이라고 해요. 빠르게 달리거나 급하게 계단을 내려오다가 넘어졌을 때 팔이나 다리뼈가 부러지기도 하는데, X선으로 뼈를 촬영해서 어디가 부러졌는지 알 수 있어요. X선으로 촬영하면 사진이 흑백으로 나타나는데, 뼈와 같이 촘촘한 조직으로 된 부분은 X선을 흡수하여 밝게 보이고, 피부나 근육층은 통과하기 때문에 어둡게 나온답니다.

자연 현상

중력

🌸 사람은 어떻게 땅에 붙어 있을까?

지구는 지표 근처의 물체를 지구 중심 방향으로 끌어당기는 힘을 가지고 있어요. 그 힘을 '중력'이라고 합니다. 사람도 지구 중력의 영향을 받기 때문에 땅 위를 걷거나 뛸 수 있답니다.

🌸 몸무게가 더 작게 나가는 곳은?

중력이라는 힘은 두 물체 사이의 거리가 멀어지면 힘이 약해지고, 거리가 가까워지면 힘이 세진답니다. 지구에서 아주 높은 산꼭대기는 지구 중심과 거리가 멀어서 중력이 약하고, 바닷가 근처는 산꼭대기보다 지구 중심과의 거리가 가까워서 중력이 좀 더 세지요. 만약 몸무게를 잰다면 산꼭대기에서 재는 것이 더 적게 나간답니다.

🌸 우주에서는 불꽃 모양이 왜 달라질까?

지표 근처의 대류권에는 뜨거운 공기는 위로 올라가고 차가운 공기는 아래로 내려오는 대류 현상이 일어나요. 그래서 촛불을 켜면 뜨거워진 공기가 위로 올라가면서 뾰족한 불꽃 모양을 만든답니다. 그런데 우주에서는 대류 현상이 일어나지 않아서 모든 방향으로 불꽃이 골고루 퍼져 동그란 공 모양이 되는 것이랍니다.

자연 현상

노을

❄ 낮에 보는 하늘은 왜 파란색일까?

빛에 있는 빨주노초파남보의 색깔 중에서 보라색과 파란색처럼 짧은 파장을 가진 빛은 빨간색이나 주황색처럼 긴 파장을 가진 빛보다 더 잘 흩어지는 성질이 있어요. 지구의 대기에 있는 아주 작은 먼지 입자가 보라색과 파란색의 짧은 파장을 훨씬 많이 흩어놓기 때문에 낮에는 하늘이 파란색으로 보인답니다.

❄ 노을은 어떻게 생기는 것일까?

낮에 태양은 머리 위에 있어서 빛이 대기를 통과하는 거리가 짧아요. 하지만 저녁이 되면 태양은 지표면 가까이에 있게 되는데, 이때 빛이 대기를 통과하는 거리가 길어지지요. 보라색이나 파란색 같은 짧은 파장의 빛들은 모두 흩어지고, 빨간색이나 주황색과 같은 긴 파장의 빛들이 우리 눈에 도달해서 노을이 보이게 되는 것이죠.

❄ 저녁에만 노을이 생길까?

지구는 둥글기 때문에 아침에 떠오르거나 저녁에 지는 태양빛은 한낮의 머리꼭대기에 떠 있는 태양빛보다 지구 대기를 통과하는 거리가 더 길어요.

아침이나 저녁에 지표면 근처에 떠 있는 태양에서 나온 빛 중에서 파란색이나 보라색처럼 짧은 파장의 색은 지구 대기를 통과하면서 모두 흩어져 버린답니다. 하지만 빨간색이나 주황색처럼 긴 파장의 색은 지구 대기를 더 오랫동안 통과할 수 있어서 노을을 볼 수 있는 것이지요.

또 아침에 보는 노을과 구분하기 위해 저녁에 볼 수 있는 노을은 '석양'이라는 다른 이름으로 부르기도 한답니다.

자연 현상

봄

❄ 봄에 피는 꽃은 무엇이 있을까?

노란색의 아기자기한 꽃인 산수유 꽃, 작고 하얀 꽃잎을 가진 매화가 봄에 피는 꽃이에요. 그리고 어른의 주먹만큼이나 커다란 목련 꽃이 있답니다. 또 진한 노란색의 작고 귀여운 개나리꽃이 있고, 옅은 분홍색의 진달래꽃이 봄에 피는 대표적인 꽃이지요.

❄ 꽃가루가 날리면 왜 재채기를 할까?

봄이 되면 꽃들은 수정하기 위해 꽃가루를 공기 중에 날립니다. 공기 중을 떠다니던 꽃가루들이 눈이나 코에 들어가면 꽃가루와 엉겨 있는 콧물을 몸 밖으로 내보내기 위해서 재채기를 일으키지요. 만약 눈에 들어갔다면 눈물이 나고, 기관지에 들어가면 기침을 한답니다.

❄ 황사는 어디서 오는 걸까?

겨울에 북쪽에서 불어오던 바람이 봄이 되면 서쪽에서 불어오는 바람으로 방향이 바뀐답니다. 우리나라의 서쪽에는 중국의 고비 사막이나 타클라마칸 사막이 있는데, 이곳의 모래가 바람에 섞여서 우리나라로 날아오지요. 이때 이 모래 때문에 하늘이 마치 노랗게 변한다고 하여 황사라고 불린답니다. 황사가 심한 날에는 외출을 자제하고 황사용 마스크를 써야 해요.

자연 현상

여름 날씨

❄ 장마가 발생하는 이유는 무엇일까?

　따뜻한 공기 덩어리와 차가운 공기 덩어리가 만나면 전선이 생기며, 전선 근처에서는 비가 내리거나 기온이 변한답니다. 여름철이 되면 우리나라 주변에 따뜻하고 습한 공기 덩어리와 차갑고 습한 공기 덩어리가 만나요. 그러면 동서 방향으로 긴 장마 전선이 만들어진답니다. 장마는 여러 날 동안 우리나라에 많은 비를 뿌린답니다.

❄ 태풍의 이름은 어떻게 정하는 걸까?

　태풍의 이름은 한국, 중국, 북한, 홍콩, 일본, 라오스, 마카오, 말레이시아와 같은 아시아 지역의 13개 국가와 미국에서 각 10개씩 이름을 제출해서 총 140개의 이름을 사용해요. 1년에 태풍이 30개 정도가 발생된다고 하니 140개를 모두 사용하려면 5년 정도가 걸리겠네요.

❄ 태풍의 또 다른 이름은?

　태풍이라는 이름은 발생하는 지역에 따라서 모두 달라요. 우리나라를 포함한 북서 태평양에서는 태풍, 북아메리카에서는 허리케인, 인도양에서는 사이클론이라 부르고, 호주의 북부 지역에서는 윌리윌리라고 부른다고 해요.

❆ 눈은 어떻게 만들어질까?

추운 겨울에는 보송보송 하얀 눈이 내리는 날이 있습니다. 그런데 이 눈은 어떻게 만들어지는 걸까요? 하늘에 있는 구름에 작은 물방울이 많아지면 지표면을 향해 떨어집니다. 이때 지표면의 기온이 영하로 내려가는 추운 날씨라면 작은 물방울이 떨어지다가 얼어서 하얀 눈이 내리게 되지요.

❆ 눈은 왜 하얀색일까?

눈을 이루고 있는 얼음 결정은 모양이 사방으로 뻗어 나가는 가지 모양을 하고 있어요. 이렇게 복잡한 구조를 가진 얼음 결정들은 모든 색의 빛을 반사해요. 빛은 색을 모두 혼합하면 흰색을 띠는데, 얼음 결정들이 모든 색의 빛을 반사하고, 우리가 볼 때는 반사된 모든 색 다시 합쳐져 눈의 색이 흰색으로 보이는 것이지요.

❆ 추우면 왜 입김이 날까?

추운 겨울에는 공기가 매우 차가워요. 하지만 우리 몸속은 따뜻하지요. 몸속에 있던 따뜻한 공기가 입안에서 숨으로 나오면 바깥의 차가운 공기와 만나 바로 얼어버리게 된답니다. 그래서 하얀 입김이 나오는 것이죠.

❆ 추우면 왜 얼굴이 빨개질까?

추운 겨울에 두꺼운 외투를 입고, 모자를 쓰고, 장갑을 껴도 얼굴은 차가운 공기에 드러나게 되지요. 그래서 몸이 스스로 따뜻한 혈액을 얼굴에 있는 모세혈관으로 보내 춥지 않게 보호해 주기 때문에 볼이나 코가 빨개지는 거예요.

자연 현상

기상 현상

❄ 먹구름과 흰 구름은 왜 색이 다를까?

우리 주변에 있는 둥둥 떠다니는 수증기는 하늘로 올라가면 물방울이나 아주 작은 얼음 알갱이가 됩니다. 구름은 이 물방울 또는 얼음 알갱이가 모이면서 만들어져요. 구름은 물방울에 빛이 반사되면 흰색으로 보이지만 물방울의 수가 더 많아지면 회색으로 보인답니다. 물방울의 수가 아주 많아진 짙은 회색 구름을 먹구름이라고 하고, 하늘에 먹구름이 잔뜩 껴있으면 곧 비가 내린다는 뜻이에요.

❄ 천둥과 번개는 어떻게 생길까?

풍선을 옷에 문지르면 정전기가 생기는 것처럼 구름 속에 있는 얼음 알갱이들이 빠르게 움직이면 전기가 생겨요. 이때 (+)전기와 (-)전기가 만나면 아주 높은 열과 빛에너지가 발생한답니다. 이것을 번개라고 해요. 천둥은 번개가 생길 때 주변의 공기가 순간적으로 부풀며 나는 소리랍니다. 천둥과 번개는 항상 동시에 발생하는데, 번개의 속도가 천둥의 속도보다 더 빨리 전달되서 번개가 먼저 번쩍하면, 조금 이따가 천둥이 두둥하는 소리가 들리게 된답니다.

❄ 비는 어떻게 만들어질까?

땅이나 강, 바다에 있는 물방울이 증발해서 공기 중으로 올라가면 다시 온도가 낮아지면서 조그만 물방울 알갱이로 뭉치게 되지요. 조그만 물방울 알갱이들이 뭉치고 또 뭉치면 큰 물방울이 되고, 이 물방울이 지구가 잡아당기는 힘인 중력에 의해 땅으로 떨어지게 되지요. 이런 현상을 비가 내린다라고 해요.

자연 현상

지진

❄ 땅이 흔들리는 이유는 무엇일까?

지구 속을 보면 움직이는 마그마의 압력으로 대륙판이 아주 조금씩 이동하고 있답니다. 마치 물 위에 나무판이 둥둥 떠 있는 모습처럼요. 이런 대륙판이 여러 방향으로 움직이면 갈라지기도 하고 서로 부딪히기도 하는데, 이때 지진이 발생하지요. 지진이 발생하면 우리는 떨림을 느끼게 된답니다.

❄ 바닷속에서도 지진이 일어날까?

바닷속에도 땅이 있어요. 바닷속에서 화산이 폭발하거나 땅이 부딪혀 지진이 일어나면 파도가 매우 높아져 해일이 발생하지요. 이렇게 바다에서 발생한 지진 해일을 '쓰나미'라고 한답니다. 쓰나미는 속도가 매우 빠르고 힘이 세서 엄청난 높이의 파도를 일으켜 큰 피해를 주기도 해요. 2004년에 동남아시아에서 일어난 쓰나미로 많은 사람이 죽었고, 2011년에는 일본에서 발생한 쓰나미로 바닷가 근처에 있는 원자력 발전소가 폭발하는 큰 사고가 있었답니다.

❄ 지진이 일어나면 어떻게 대피 해야할까?

땅이 흔들리면 도로가 갈라지기도 하고, 건물이 무너지기도 해요. 그래서 안전한 장소를 찾아 대피해야 하지요. 건물 안에 있어 밖으로 나오기 힘들 때는 머리를 보호하고, 책상 밑으로 대피해야 하며, 건물 밖으로 나갈 때는 엘리베이터 대신 계단을 이용해야 한답니다. 또 차 안에 있을 경우에는 차를 세우고 차에서 내리는 것이 안전해요.

❄ 화산은 어떻게 만들어졌을까?

땅속 깊은 곳은 암석이 녹아서 만들어진 뜨거운 마그마와 가스가 부글부글 끓고 있어요. 그곳이 열과 압력을 받으면 그 힘을 견디지 못하고 땅의 약한 부분을 뚫고 올라와 폭발하는데, 그것이 바로 화산이랍니다.

❄ 용암은 얼마나 뜨거울까?

화산이 폭발하면 산을 타고 용암이 흘러요. 땅속에 있을 때는 마그마 상태로 있다가 폭발해서 밖으로 나오면 용암이라고 부른답니다. 용암은 마그마의 상태에 따라 조금씩 다르지만 보통 800℃에서 1,200℃ 정도랍니다. 이렇게 뜨거운 용암에 물체가 닿으면 그순간 바로 불이 붙어버려서 용암 근처에는 가지 않도록 해야 한답니다.

❄ 온천의 물은 왜 따뜻할까?

땅속은 흙으로 꽉 차기도 하지만 텅 비어 있는 공간도 있어요. 하늘에서 비가 내려 땅속으로 스며들면, 이렇게 텅 빈 공간 속에 물이 차기도 한답니다. 이러한 것을 지하수라고 해요. 그런데 뜨거운 화산 근처에 지하수가 흐르면 따뜻하거나 뜨거운 지하수가 흐른답니다. 이렇게 화산에 의해 데워진 지하수가 땅 위로 드러나 흐르면 온천이 되는 것이지요.

❄ 얼음은 왜 물 위에 뜰까?

대부분의 물질은 액체에서 고체가 되면 물질을 구성하는 입자들이 모여들면서 부피가 작아져 밀도가 커지게 됩니다.

하지만 물은 달라요. 물은 액체에서 고체로 변하면 부피가 커지면서 액체인 물보다 밀도가 작아지게 된답니다.

그래서 물보다 밀도가 작은 얼음을 물에 넣으면 물 위로 둥둥 뜨게 되는 것이랍니다.

❄ 물방울이 맺히는 이유는 무엇일까?

더운 여름날 차가운 음료가 들어있는 컵의 표면에는 물방울이 맺혀 있어요. 컵 주위의 따뜻한 공기 속에 있는 수증기가 차가운 컵에 닿으면 바로 물방울로 변하기 때문이에요. 겨울에 유리창이 뿌옇게 변하는 것도 실내의 따뜻한 공기 속에 있는 수증기가 밖의 차가운 공기와 닿아 있는 유리 창문에 닿으면 바로 물방울로 변하기 때문이랍니다.

❄ 물을 끓이면 어떻게 될까?

냄비에 물을 넣고 끓이면 처음에는 아무런 변화가 없다가 얼마의 시간이 지나면 보글보글 끓는 것을 볼 수 있어요. 냄비의 바닥에 있던 물 알갱이가 열을 받으면 수증기로 변하는데, 그 수증기가 공기 중으로 나오기 때문이에요.

이동 수단
영화
올림픽
야구
나라
피아노
만화
악기 연주
환경 오염

상식

이동 수단

☆ 바퀴는 언제 만들어졌을까?

바퀴는 인류가 만들어낸 가장 위대한 발명품 중에 하나랍니다. 바퀴가 있어서 먼 거리도 이동할 수 있고, 무거운 물건과 많은 물건을 운반할 수 있지요. 바퀴는 누가 최초로 만들어 사용했는지 정확하지는 않지만, 기원전 3500년경 메소포타미아 유적의 전차용 나무 바퀴가 가장 오래되었다고 해요.

☆ 자동차는 누가 처음 만들었을까?

자동차는 엔진에 연료를 넣으면 연료가 엔진 안에서 폭발하면서 순식간에 연소하지요. 이때 폭발하는 힘이 연결된 바퀴에 전달되어 자동차가 움직일 수 있답니다.

세계 최초의 자동차는 1886년 칼 벤츠라는 독일 사람이 만든 바퀴가 3개인 3륜 자동차랍니다. 이 자동차는 벤츠의 부인인 베르타 벤츠가 처음 타고 장거리를 여행했다고 해요.

☆ 비행기는 어떻게 나는 걸까?

비행기의 날개의 단면을 보면 아래는 평평하고 위는 둥글어요. 이런 날개 모양 때문에 빠르게 달리면 윗부분보다 아랫부분에 더 큰 압력이 생긴답니다. 공기의 압력은 큰 곳에서 작은 곳으로 작용하는데, 아래쪽에서 위쪽으로 힘이 작용하면서 날개를 들어 올리게 되지요. 이러한 힘을 '양력'이라고 하고, 비행기가 빠른 속도로 달리면 양쪽 날개에 양력이 작용해서 비행기를 하늘로 뜨게 만들어 날 수 있는 것이지요.

상식
영화

☆ 영화는 누가 처음 만들었을까?

　프랑스의 오귀스트 루미에르와 루이 루미에르라는 형제가 최초로 영화를 만들었다고 해요. 루미에르 형제는 아버지가 운영하는 사진 회사에서 일했는데, 이곳에서 움직이는 이미지 기법을 발명했어요. 드디어 1895년 프랑스의 어느 한 카페에서 자신들이 만든 '열차의 도착'이라는 영화를 상영했지요. 단순히 열차가 도착하는 장면만 보여 주는 50초 정도의 짧은 영화였지만 그 당시 사람들은 큰 충격을 받았다고 해요.

☆ 우리나라 영화관은 언제 처음 등장했을까?

　1907년에 지어진 '단성사'라는 영화관이 우리나라 최초의 영화관이랍니다. 그 후 단성사는 일제강점기 시절 일본인들에 의해 '대륙극장'이라는 이름으로 바뀌었지만, 광복 이후 1946년에 다시 본래의 이름을 되찾았지요. 2019년 10월에는 '한국영화 100주년'을 기념하여 단성사 영화 역사관으로 바뀌었어요.

☆ 우리나라 최초의 영화는 어떤 영화였을까?

　1919년 10월 27일에 단성사에서 상영한 정의로운 복수라는 뜻을 가진 '의리적 구토'라는 영화가 우리나라 최초의 영화랍니다. 영화의 날이 10월 27일로 정해지게 된 이유이기도 하답니다. 그런데 이 영화는 소리가 나지 않고 사람의 움직임만 볼 수 있는 영화였어요. 목소리와 사람의 움직임이 함께 나온 우리나라의 최초의 영화는 1935년에 제작된 '춘향전'이라고 해요.

상식
올림픽

⭐ 첫 올림픽은 어느 나라에서 열렸을까?

올림픽은 4년에 한 번씩 개최되는 세계적인 스포츠 경기 대회입니다. 여러 나라의 선수들이 다양한 운동 종목에 참가하여 실력을 겨루지요. 고대 올림픽은 그리스의 올림피아라는 곳에서 기원전 776년에 시작하여 4년마다 한 번씩 열리다가 중단되었고, 1896년 고대 올림픽이 처음 열린 그리스의 아테네에서 다시 시작되었어요. 우리나라는 1988년 서울에서 제24회 올림픽이 개최되었고, 2018년에는 강원도 평창에서 제23회 동계 올림픽이 개최되었답니다.

⭐ 마라톤은 왜 42.195킬로미터를 뛰는 걸까?

마라톤은 올림픽에서 가장 마지막에 열리는 경기예요. 그런데 이 경기는 기원전 490년에 일어난 전쟁에서 유래되었답니다. 전쟁에서 이긴 아테네의 병사가 기쁜 소식을 전하기 위해 전쟁터에서 아테네까지 직접 달려가 이긴 소식을 전하고 바로 쓰러져 죽음을 맞이했는데, 이때 뛰어간 거리가 42.195킬로미터라고 해요. 이 병사를 기념하기 위해 현재까지도 마라톤 경기의 거리가 42.195킬로미터로 정해졌다고 합니다. 그리고 마라톤이라는 이름도 전쟁이 벌어졌던 '마라톤 평원'의 이름에서 유래되었지요.

⭐ 올림픽에서 첫 금메달을 딴 우리나라 선수는 누구일까?

올림픽 경기에서는 메달을 수여하는데, 메달에는 금메달, 은메달, 동메달이 있어요. 그중에서 가장 실력이 좋은 선수에게는 금으로 만든 금메달을 수여한답니다. 1976년 캐나다의 몬트리올에서 열린 올림픽에서 레슬링이라는 경기에 출전한 양정모라는 선수가 금메달을 따서 우리나라의 최초의 금메달리스트가 되었어요.

상식 > **야구**

⭐ 야구는 어디서 처음 시작되었을까?

야구는 각각 9명으로 이루어진 두 팀이 9회 동안 공격과 수비를 번갈아 하며 얻은 점수로 승패를 겨루는 경기예요. 이러한 야구는 18세기 말 미국의 뉴욕에서 시작된 스포츠입니다. 우리나라에 처음 야구가 소개된 것은 1905년 이전 미국인 선교사에 의해 전해졌고, 현재 우리가 잘 알고 있는 프로 야구는 1982년 3월에 시작되었어요. 우리나라의 프로 야구는 현재 10개의 구단이 있고, 매년 봄에 경기를 시작해서 가을에 경기가 끝난 답니다.

⭐ 야구는 왜 손동작으로 신호를 줄까?

야구 경기를 보면 포수가 투수에게 손동작으로 신호를 보내는 장면을 볼 수 있어요. 이것은 상대편이 알지 못하도록 같은 팀끼리 이루어지는 의사소통이랍니다. 모든 신호는 경기 전 선수들과 코치, 감독이 모두 모여 정하지요. 또 야구장에서는 선수들끼리 멀리 떨어져 있어서 손동작으로 신호를 주면 상대편에게 들키지 않고 대화할 수 있답니다.

⭐ 투수와 포수의 글러브는 왜 모양이 다를까?

투수 글러브

포수 글러브

야구 경기에서 투수는 공을 던지고, 포수는 공을 받는 역할을 합니다. 투수는 공을 잡은 손을 타자에게 숨겨야 해서 손이 잘 보이지 않도록 엄지와 검지 사이가 그물로 막힌 글러브를 사용해요. 하지만 포수 글러브는 투수가 던지는 빠르고 강한 공을 받아야 해서 두꺼운 가죽으로 만든 큰 글러브를 사용해요. 이것은 포수가 공을 쉽게 빠뜨리지 않고 잘 잡을 수 있게 해 준답니다.

상식 나라

⭐ 세계에서 가장 넓은 나라는 어디일까?

　세계 지도를 보면 커다란 대륙에 여러 나라가 있는 것을 알 수 있어요. 그중에서 동유럽과 북아시아에 걸쳐 있는 러시아라는 나라가 가장 넓은 나라랍니다. 수도는 모스크바이고 동유럽 쪽에 있어요. 예전에는 소비에트 연방 국가라는 여러 나라로 이루어진 나라였는데, 각자 독립적인 국가로 떨어져 나가면서 1991년에 러시아로 국가의 이름이 바뀌게 되었답니다. 러시아는 우리나라보다 위도가 높아서 평균 기온이 낮은 편이에요.

⭐ 세계에서 가장 작은 나라는?

　유럽의 이탈리아라는 곳에 있는 바티칸이라는 나라가 가장 작은 나라랍니다. 바티칸은 이탈리아의 수도인 로마에 있어요. 면적이 0.44제곱킬로미터밖에 되지 않고, 인구도 1000명이 채 되지 않는다고 해요. 서울에 있는 여의도 광장의 약 2배 정도인 크기여서 걸어서 금방 한 바퀴를 돌 수 있을 만큼 작아요.

⭐ 나라는 어떻게 이루어질까?

　나라는 어느 정도의 땅과 그곳에 사는 사람들로 구성되고, 주권에 의한 하나의 통치 조직을 가진 사회를 말해요. 영토(땅), 국민, 주권이 나라의 3가지 요소이지요. 우리나라는 삼면이 바다로 둘러싸인 영토에서 약 5천만의 국민이 주권을 행사하며 살아가고 있지요.

상식 > 피아노

⭐ 피아노는 어떻게 소리를 낼까?

뚜껑을 열 수 있는 그랜드 피아노의 안을 보면 여러 개의 줄이 건반과 연결된 것을 알 수 있어요. 이러한 줄을 '현'이라고 하고, 건반을 눌러 현을 치면 피아노 본체에 있는 울림판에 의해 소리가 울리고 커지게 되면서 소리가 발생하지요. 현의 길이가 길고 굵으면 낮은음이 나고, 짧고 얇으면 높은음이 난답니다.

⭐ 피아노 건반은 왜 검은색과 흰색일까?

피아노는 88개의 건반으로 이루어져 있어요. 그중 흰 건반은 52개이고, 검은 건반은 36개이지요. 이렇게 건반이 흰색과 검은색으로 이루어진 것은 음의 위치를 한눈에 알아내기 위해서랍니다. 모든 건반이 같은 색깔이라면 반음이 높은 건반을 한번에 알아내기 힘들겠죠?

⭐ 피아노의 종류에는 어떤 것들이 있을까?

그랜드 피아노는 크기기가 클수록 현의 길이가 길고 울림판이 커서 건반을 눌러 현을 쳤을 때 진동하는 음이 풍성해진다고 해요. 크기가 크고 무거워서 전문적으로 피아노를 연주하는 사람들이 사용하지요.

업라이트 피아노는 현과 울림판을 수직으로 세워 둔 피아노를 말해요. 학교나 학원에서 많이 볼 수 있는 형태이지요. 현과 울림판이 수직으로 되어 있어서 공간이 좁은 곳에서도 사용할 수 있답니다.

신디사이저는 여러 가지 소리를 섞고 만들어내는 악기예요. 피아노뿐만 아니라 다른 악기의 음색을 디지털로 만들어서 소리를 섞어서 만드는 악기여서 음악을 만들 때 사용하기 편리하다고 해요.

⭐ 만화영화는 어떻게 만들까?

　만화영화를 보면 주인공이나 동물의 움직임이 아주 자연스러워 보이지요? 하지만 실제로는 아주 많은 정지된 그림으로 이루어져 있어요. 연결된 동작을 종이 한 장 한 장 그린 다음 빠르게 넘기면 우리는 이전 그림이 뇌에서 사라지기 전에 다음 그림을 보게 되는데, 이것을 연결된 그림이라고 받아들이게 되는 것이지요. 그러면 자연스럽게 움직이는 것처럼 보인답니다. 예전에는 수백 장의 종이를 사용해서 만화영화를 만들었다면, 요즘에는 컴퓨터를 이용해서 만든답니다.

⭐ 우리나라 만화영화는 어떤 게 있을까?

　우리나라 최초의 만화영화는 1967년 1월에 상영된 '홍길동'이에요. 원래는 신문에 연재하던 만화였는데, 이것을 만화영화로 만들었지요. 그 후 1976년에는 '로보트 태권브이'가 만들어졌고, 1987년 '아기 공룡 둘리', '달려라 하니'와 같은 만화 시리즈가 나왔답니다. 이때까지는 종이에 직접 그림을 그려 만든 만화영화였다면 '뽀로로' 같은 3D 애니메이션은 컴퓨터로 작업한 만화영화랍니다.

☆ 기타는 어떻게 소리를 낼까?

1500년대에 만들어진 어쿠스틱 기타는 다양한 음악을 연주하는 악기예요. 기타는 크게 헤드, 넥, 바디로 이루어져 있고, 6줄을 연결하여 손가락으로 튕기면서 소리를 내요. 줄을 튕기면 줄의 떨림이 공간이 있는 기타의 바디에 전달되고, 그 안의 공기를 통해서 증폭된답니다.

기타는 크게 전선을 연결하지 않고 연주해도 소리가 나는 통기타, 클래식 기타와 같은 어쿠스틱 기타와 전선을 스피커에 연결해서 연주할 수 있는 일렉 기타로 구분할 수 있어요.

☆ 마이크는 어떻게 소리가 날까?

많은 사람 앞에서 노래를 부르거나 강연할 때는 마이크를 사용합니다. 마이크가 없다면 아주 큰 소리로 노래를 부르거나 말을 해야 해서 작은 소리를 크게 만들어 주는 마이크가 필요해요. 마이크에 소리가 전달되면 안에 있는 진동판에 소리가 닿아 진동이 발생해요. 이 진동을 전기 신호로 바꿔주고 이 전기 신호가 스피커로 전달되면 스피커 안의 진동판이 전기 신호에 맞춰 소리로 변환시켜 줍니다. 그러면 스피커에서 소리가 발생하게 되는 것이지요. 그러면 작은 소리로 말해도 큰 소리로 들을 수 있답니다.

☆ 연주실 벽은 왜 울퉁불퉁할까?

음악을 녹음하거나 악기를 연주하는 곳에 가면 벽면이 울퉁불퉁한 것을 볼 수 있어요. 이것은 소리의 충돌과 반사를 적게 해서 소리가 울리는 현상을 줄여 주는 역할을 하지요.

⭐ 공기 오염이 무엇일까?

공기 오염은 자동차 엔진에서 화석 연료인 휘발유를 태울 때 나오는 공해 물질이나 공장 또는 전기를 만들어내는 발전소에서 뿜어져 나오는 매연과 같은 물질 때문에 공기가 더러워진 것을 말해요. 공기가 오염되면 구름 속에 있는 작은 물방울들과 섞이고 비가 되어 내리면 땅을 흐르는 시냇물이나 강도 오염될 수 있어요.

⭐ 오존층을 파괴하는 것은 무엇일까?

오존층은 지구에서 살아가는 생명체에게 해로운 태양의 자외선을 막아 주고 보호해 주는 아주 중요한 역할을 하는 층이에요. 20세기에 산업이 발달하면서 공장에서 프레온 가스를 사용하게 되었는데, 프레온 가스가 지구의 대기층에 들어가면 오존과 반응하여 오존층을 파괴해요. 그래서 세계의 많은 회사가 프레온 가스를 사용하지 않기로 약속해서 오존층을 보호하기로 했답니다.

⭐ 온실 효과가 무엇일까?

추운 날 식물이 죽지 않고 살아갈 수 있도록 만든 온실은 태양에서 나오는 열기를 실내에 잡아 둡니다. 지구를 둘러싼 대기도 온실의 유리와 같이 작용하기 때문에 지구의 생명체들이 따뜻한 온도에서 살아갈 수 있지요. 만약 대기가 없다면 지구는 얼음으로 뒤덮일 거예요. 그런데 최근에는 태양의 열기를 잡아 두는 역할을 하는 이산화탄소가 너무 많이 배출되어 온실 효과가 지나치게 커지고 있답니다. 그렇게 되면 지구의 온도가 계속 올라가서 북극과 남극에 있는 빙하가 녹게 돼서 생명체가 살아가기 힘든 환경이 될 수 있다고 해요.

동물과 식물

물고기
알
모기
곤충
식물
나뭇잎
꽃
소리나 빛을 내는 곤충
뱀

동물과 식물

물고기

물고기는 물속에서 어떻게 숨을 쉴까?

사람은 코로 숨을 들이쉬면 폐를 통해 산소를 받아들이고 이산화탄소를 내보내지요. 그런데 물고기는 머리 부분에 있는 '아가미'라는 기관으로 숨을 쉰대요. 물고기의 입으로 들어간 물이 아가미를 통과하면 아가미 속의 피가 물속에 있는 산소를 흡수하고, 이산화탄소를 밖으로 내뿜으면서 숨을 쉰답니다.

물고기의 몸은 왜 미끌미끌할까?

물고기를 직접 만져본 적이 있나요? 물고기의 몸을 만져보면 미끌미끌해서 잘 잡기가 어렵지요. 물고기의 피부는 해로운 박테리아, 곰팡이, 조류 등으로부터 피부를 보호하거나 거친 바닷속 환경으로부터 보호하기 위해 점액질로 덮여 있답니다. 그리고 뱀장어와 같이 비늘이 없는 물고기일수록 피부 보호를 위해 더 많은 점액을 분비한다고 해요.

물고기는 어떻게 물에 뜰까?

물고기의 몸속에는 '부레'라는 조그마한 풍선처럼 생긴 공기주머니가 있어요. 부레에 들어있는 공기의 양을 조절하면 위로 뜨거나 가라앉을 수 있답니다. 또 물고기가 균형을 잡고 똑바로 헤엄칠 수 있도록 도와주는 역할도 하지요. 부레는 물고기가 살아가는 데 굉장히 중요한 역할을 한다고 해요. 만약 부레가 없다면 물고기는 물속에서 움직일 수 없고 균형을 잡을 수도 없답니다.

동물과 식물

알

새의 알은 왜 타원형일까?

달걀이나 메추리 알을 보면 동그란 공 모양이 아닌 타원형 모양을 하고 있어요. 만약 동그란 공 모양이라면 잘 굴러가서 알을 잃어버리기 쉬운데, 타원형인 알은 굴러가다가 멈추거나 다시 어미의 품으로 돌아올 수도 있답니다.

크기가 가장 큰 알과 작은 알은 무엇일까?

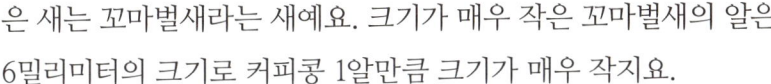

꼬마벌새의 알

타조의 알

새 중에서 가장 큰 새는 무엇일까요? 날지 못하지만 빠르게 달리는 것으로 유명한 타조가 있어요. 타조 알의 무게는 1~1.7킬로그램이고 달걀이 20~24개 정도와 비슷한 양이라고 해요. 새 중에서 가장 작은 새는 꼬마벌새라는 새예요. 크기가 매우 작은 꼬마벌새의 알은 6밀리미터의 크기로 커피콩 1알만큼 크기가 매우 작지요.

알의 무늬와 색깔은 왜 모두 다를까?

새의 알은 크기도 다양하고 색깔, 무늬도 다양하답니다. 물가에 사는 새들의 알은 주위에 있는 자갈의 색과 비슷한 색의 알을 낳기도 하고, 눈에 잘 띄지 않는 나무 속이나 돌 틈에 둥지를 짓는 새들의 알은 하얗다고 해요. 하얀색 알은 어두운 둥지에서 잘 보이는 장점이 있기 때문이지요.

동물과 식물

모기

96

🍓 모기에 물리면 왜 가려울까?

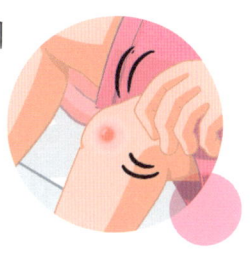

모기는 사람이나 동물의 피를 빨아 먹으며 살아가는 곤충이에요. 모기가 사람의 피부에 앉아 핏줄을 찾은 다음 입을 피부에 꽂으면 피를 굳지 않게 하는 물질인 '히루딘'이라는 물질을 내보내지요. 그러면 사람의 몸이 스스로 보호하기 위해 히스타민이라는 성분을 내보내는데, 이 현상 때문에 가렵다고 해요.

🍓 모기는 어떻게 핏줄을 찾을까?

여름철 밤에 잠을 자려고 누우면 '앵~'하고 모깃소리가 들려 쉽게 잠을 자기 어려워요. 이렇게 깜깜한 어둠 속에서 모기는 어떻게 핏줄을 찾아낼까요? 모기의 입 근처에 냄새를 맡을 수 있는 기관이 있는데, 이 기관에서 피의 냄새를 맡아서 핏줄을 찾는다고 해요.

🍓 모기는 왜 '애앵~' 소리가 날까?

모기는 크기가 작은 날개를 1초에 500~600회 정도 움직여 날아다닌다고 해요. 이렇게 빠르게 날갯짓을 하면 우리 눈에는 보이지 않지만, 모기 날개 주위의 공기를 진동시킨답니다. 이 진동이 공기를 타고 우리 귀에 전달되면 '애앵~'하고 소리가 들리는 것이지요.

동물과 식물

곤충

꿀벌이 춤을 추는 이유는 무엇일까?

사람은 말로 대화를 하듯이 꿀벌은 춤으로 대화를 한답니다. 그리고 꿀벌이 먹이를 발견했을 때에는 친구들에게 알려 주기 위해 여러 가지 모양으로 빙빙 돌면서 춤을 춘답니다. 먹이가 있는 곳과 거리가 멀수록 춤이 느려진다고 해요.

거미는 왜 곤충이 아닐까?

곤충은 머리, 가슴, 배의 세 부분으로 이루어진 몸통과 가슴에서 나온 6개의 다리가 있고, 더듬이를 가지고 있는 동물입니다. 그런데 거미는 머리가슴, 배의 두 부분으로 이루어져 있지요. 머리가슴에서 나온 8개의 다리가 있고, 더듬이가 없답니다. 또 거미는 곤충이 만들지 못하는 거미줄을 만들 수 있지요.

동물의 배설물을 먹는 곤충이 있을까?

곤충은 종류에 따라 먹는 먹이가 다릅니다. 딱정벌레는 나뭇잎을, 벌과 나비는 꽃의 꿀을 먹고, 또 사마귀와 같은 곤충은 다른 곤충을 잡아먹기도 합니다. 그런데 쇠똥구리는 동물의 배설물을 먹으며 살아가요. 배설물을 굴려서 커다란 공으로 만들고, 그 안에 알을 낳고 살기도 한답니다.

가장 빨리 나는 곤충은?

잠자리는 1초에 25~40번 날갯짓을 한다고 해요. 작은 곤충 중에서는 천천히 하는 편이라고 합니다. 그런데 1시간 동안에는 48킬로미터를 날 수 있다고 해요. 반면 모기는 1초에 600번이나 날개를 움직이지만 1시간 동안에는 겨우 1.6 킬로미터 정도밖에 못 간다고 하네요.

식물

동물과 식물

🍅 식물은 무엇을 먹고살까?

사람은 음식을 먹어야 에너지를 얻을 수 있지만 식물은 에너지를 스스로 만들어 낼 수 있어요. 햇빛, 공기 중의 이산화탄소, 그리고 흙에서 빨아들인 물을 이용해서 '광합성'이라는 과정을 거치면 에너지로 사용할 수 있는 영양분을 만들어낼 수 있거든요. 하지만 파리지옥과 같이 땅에서 필요한 것을 얻을 수 없는 식물은 곤충을 잡아먹기도 한답니다.

🍅 줄기는 왜 땅 위로 뻗을까?

땅속에 있는 씨앗에서 싹이 트면 뿌리는 아래를 향해 자라고 줄기는 위로 흙을 뚫고 나오지요. 씨앗에서 뻗어 나오는 뿌리 중 뚱뚱한 부분인 뿌리혹이 지구가 끌어당기는 힘인 중력에 이끌려서 자꾸 땅속으로 뻗어 나가지요. 이때 줄기는 흙을 뚫고 올라가 잎을 펼치며 자란답니다.

🍅 식물은 왜 해를 바라볼까?

식물의 잎에는 엽록체라는 광합성이 일어나는 장소가 있답니다. 그리고 그 속에 빛에너지를 흡수하는 식물 색소인 엽록소가 있어요. 식물은 빛을 받아야 살아가는 데 필요한 영양분을 만들 수 있어요. 만약 식물이 빛이 잘 들지 않는 곳에 있다면 잘 자라지 못할 거예요.

동물과 식물

나뭇잎

102

🍅 나뭇잎의 모양은 왜 다양할까?

떡갈나무나 플라타너스의 나뭇잎은 넓고 잎의 끝이 울퉁불퉁하지요. 하지만 소나무나 향나무의 나뭇잎은 바늘처럼 잎이 뾰족하답니다. 이렇게 잎의 모양이 다른 이유는 그 지역의 기후의 영향을 많이 받기 때문이에요. 따뜻한 지역에서 자라는 나무는 열을 잘 내보내기 위해 대부분 잎이 넓고, 추운 지역에서 자라는 나무는 열을 보존하기 위해 잎이 바늘처럼 뾰족하답니다.

🍅 나뭇잎은 왜 초록일까?

나뭇잎에는 광합성에 필요한 엽록소라는 색소가 많이 있어요. 엽록소는 빛의 색 빨강, 주황, 노랑, 초록, 파랑, 보라색 중에서 모든 색을 흡수하고 초록색만 반사한답니다. 그렇게 반사된 초록색 빛이 우리 눈에 들어오면 초록색으로 보이는 것이지요.

🍅 단풍이 드는 이유는 무엇일까?

단풍이란 여름에는 초록색이었던 나뭇잎이 가을이 되면서 노랗거나 붉게 물드는 현상을 말해요. 엽록소가 많았던 나뭇잎에서 엽록소가 햇빛에 파괴되면 나뭇잎의 초록색이 점점 사라지고, 원래 있었던 붉은색을 내는 색소, 노란색을 내는 색소의 색들이 나타나게 되면서 단풍이 드는 거랍니다.

🍅 세상에서 가장 큰 꽃과 가장 작은 꽃은 무엇일까?

세상에서 가장 큰 꽃은 길이가 1미터인 '라플레시아'라는 꽃이에요. 무게는 10킬로그램이상인 거대한 꽃이랍니다. 벌과 나비가 아닌 파리를 이용해서 번식하기 때문에 심한 악취가 난다고 해요. 그럼 가장 작은 꽃은 무엇일까요? 크기가 0.3밀리미터 정도 되는 '분개구리밥'이라는 식물이에요. 분개구리밥의 꽃을 10개 모으면 굵은 모래 1알 정도라고 해요. 돋보기로도 잘 보이지 않을 만큼 아주 작은 꽃이랍니다.

🍅 꽃의 색은 왜 화려할까?

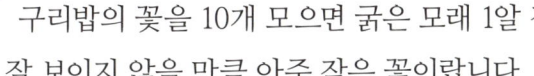

꽃은 식물이라서 이리저리 옮겨 다니면서 번식할 수 없어요. 그래서 곤충이나 색깔의 도움을 받는답니다. 곤충이나 새의 눈에 잘 띠기 위해서 꽃의 색은 화려하고 다양하지요. 곤충과 새의 몸에 꽃가루를 묻혀 이 꽃 저 꽃 날아다니면 식물도 씨를 멀리까지 퍼뜨릴 수 있답니다.

🍅 꽃에서는 왜 향기가 날까?

꽃들은 수술에서 암술로 꽃가루를 묻혀야 번식할 수 있어요. 꽃가루를 암술에 묻힐 수 있는 것은 크기가 작은 곤충들이 할 수 있는 일이랍니다. 그래서 꽃은 곤충이 좋아할 만한 향기를 만들어낸답니다. 그런데 꽃향기는 사람이 맡아도 좋은 향이라서 향수를 만들 때 꽃에서 향기가 나는 물질을 사용한답니다.

동물과 식물

소리나 빛을 내는 곤충

귀뚜라미는 어떻게 소리를 낼까?

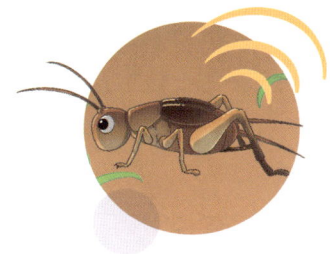

대부분의 곤충과 마찬가지로 귀뚜라미는 소리를 내는 성대가 없답니다. 대신 딱딱하고 홈이 파인 두 날개 끝을 서로 비벼 소리를 낸답니다. 울퉁불퉁한 빨래판을 막대기로 긁으면 드르륵 소리가 나는 것처럼 한쪽 날개를 다른 쪽 날개에 비비면 소리가 나는 것이지요.

매미는 어떻게 소리를 낼까?

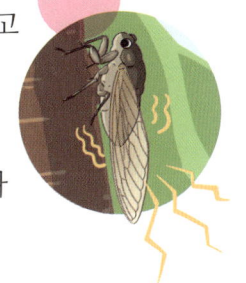

매미는 배를 움직여서 소리를 낸답니다. 배 안에는 발음근이라고 하는 근육이 있는데, 발음근이 짧은 시간 동안 쪼그라들었다가 풀어지기를 반복하면서 우리가 여름철에 들을 수 있는 매미 소리가 나는 것이지요. 매미는 수컷만 발음근을 갖고 있어서 수컷만 운다고 해요.

반딧불이는 어떻게 빛을 낼까?

반딧불이의 몸에 빛을 만드는 기관의 세포에서 '루시페린'이라는 물질이 공기 중에 있는 산소와 만나 화학 반응을 일으키면서 빛이 나게 된답니다. 수컷은 꼬리에 2줄, 암컷은 1줄에서 빛이 나고 알을 가진 암컷은 무겁고 덩치가 커서 잘 날지 못하고, 주로 날아다니는 반딧불이는 수컷이 많다고 해요.

동물과 식물
뱀

108

뱀은 왜 혀를 날름날름할까?

사람은 콧속에 있는 후각 신경으로 냄새를 맡을 수 있어요. 그런데 뱀은 후각 신경이 입속에 있다고 해요. 그래서 혀를 날름거려서 먹이가 어디에 있는지 파악하고 냄새를 맡는답니다. 또 낯선 환경에 있거나 주변 환경을 파악할 때도 혀를 계속 날름거린다고 해요.

소리를 내는 뱀이 있을까?

뱀은 적이 다가오면 위협하는 소리를 내는데, 그중 방울뱀은 꼬리를 흔들어서 소리를 내지요. 방울뱀은 꼬리 끝에 있는 단단한 마디들을 서로 부딪쳐서 소리를 낸다고 해요.

뱀은 어떻게 움직일까?

뱀은 발이 없는데도 움직일 수 있어요. 사막의 모래 위를 이동할 수 있고, 초원의 풀숲, 물 위를 이동할 수 있지요. 뱀이 앞으로 나가기 위해서는 이동 방향과 반대로 땅이나 물을 밀어내는 근육을 사용해서 구불구불하게 움직인답니다.

뱀은 왜 허물을 벗을까?

뱀도 알에서 태어나 몸이 점점 커간답니다. 몸이 커가면서 허물이 작아져 갇혀 살 수 없게 되지요. 그래서 뱀은 허물을 벗고 새로운 허물을 만들어 살아갑니다. 또 몸에 난 상처를 치료하기 위해서도 허물을 벗는데요. 이전에 몸에 붙어 있던 기생충을 제거하고, 질병을 치료하며 새로운 피부로 갈아입게 됩니다. 뱀이 허물을 벗는 과정은 건강을 위해서 매우 중요하답니다.

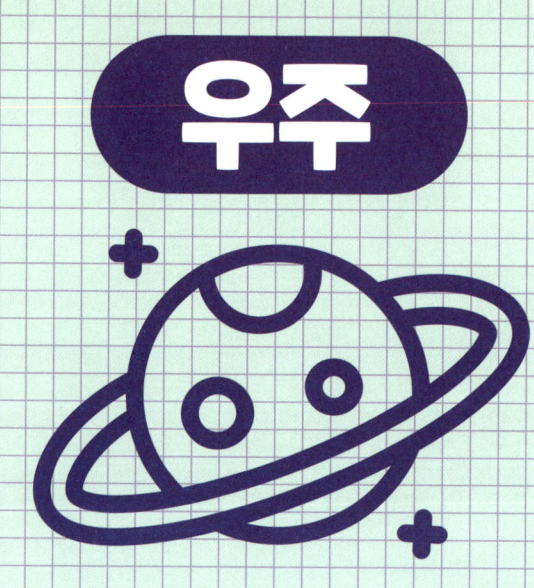

달
별
별자리
태양계
우주

우주 달

제가 처음 달에 착륙했답니다. 아직도 달 표면에 제 발자국이 남아 있지요!

달은 어디에 있을까?

달은 지구 주위를 돌고 있는 지구의 위성이에요. 달이 지구 주위를 돌고 있는 것은 지구가 달을 잡아당기고, 달이 지구를 잡아당기는 만유인력이라는 힘 때문이랍니다.

달의 모양은 왜 다르게 보일까?

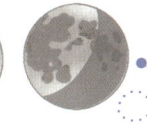

나는 보름달

나는 반달

달은 한 달에 한 번씩 지구 주위를 돌지요. 이때 달의 위치가 바뀌면서 햇빛을 반사하는 면이 달라진답니다. 동그랗게 달 전체가 모두 보이면 보름달, 반만 보이면 반달이라고 하고, 저녁이 시작될 무렵 서쪽 하늘에서 얇게 손톱처럼 보이는 달을 초승달이라고 부른답니다.

달의 표면에는 왜 자국이 있을까?

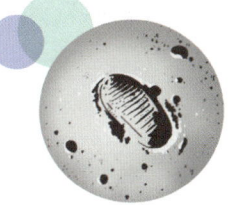

달의 표면에 있는 것은 우주 공간에서 날아오는 운석이 부딪혀서 생긴 자국이에요. 지구에는 대기가 있어서 우주에서 날아오는 운석을 막아 주고 또 비, 눈, 바람에 의해 땅이 침식되어 모양이 변하지요. 하지만 달에는 대기가 없어서 운석이 충돌되어도 막아 줄 수 없고, 침식이 일어나지 않아서 부딪힌 자국이 그대로 남아 있는 거예요.

달에 처음 착륙한 사람은 누구일까?

1969년 7월 16일에 닐 암스트롱과 두 명의 우주 비행사가 달을 탐사하기 위해 우주선을 타고 지구를 출발했어요. 그리고 4일 뒤인 7월 20일 닐 암스트롱이 달에 착륙해서 인류 최초로 발자국을 남겼답니다. 50여 년이 지났지만, 그 발자국은 아직도 달 표면에 남아 있다고 해요.

우주 > 별

별은 왜 반짝일까?

별은 태양처럼 스스로 빛을 뿜어내고 있는 천체랍니다. 별빛이 우주를 가로질러 지구에 도착하면 지구를 감싸고 있는 대기를 통과하게 되지요. 대기에는 언제나 먼지, 연기 입자와 같은 아주 작은 물질이 움직이고 있는데, 별빛과 그런 입자들이 충돌하면 별빛이 흩어지게 되면서 반짝이는 것처럼 보이게 되는 거랍니다.

태양도 별일까?

우리는 밥과 음식을 먹어야 에너지를 만들어 낼 수 있는데, 별은 중심에서 굉장히 높은 온도와 압력으로 핵융합 반응을 일으켜 스스로 에너지를 만들어 낸답니다. 그 에너지는 빛이라는 모습으로 나타나지요. 태양도 중심에서 스스로 에너지를 만들어 내고, 그 결과 우리가 살아가는 지구에 빛을 보내지요.

별은 영원히 살 수 있을까?

별은 대부분 '수소'라는 기체로 이루어져 있어요. 이 수소 기체를 사용해서 에너지를 만들어 낸답니다. 그런데 에너지로 만들 수 있는 수소 기체의 양이 정해져 있어서 모두 사용하고 나면 별은 삶을 마감하게 된답니다. 별이 사는 시간은 별마다 다르고, 태양보다 큰 별은 수소를 더 빠르게 에너지로 만들어서 더 빨리 죽는답니다. 태양은 앞으로 50억 년 더 살 수 있다고 해요. 매우 긴 시간이지만 영원한 건 아니지요.

우주

별자리

누가 별자리에 이름을 붙였을까?

약 5000년 전에 티그리스강과 유프라테스강 근처에 살던 유목민들이 밤하늘의 별을 연결하여 동물 모양을 만들어서 이름을 붙였어요. 그 후 사람들이 별자리에 그리스 신화에 나오는 인물의 이름을 붙이면서 현재 우리가 알고 있는 별자리 이름이 되었답니다. 같은 별자리라도 문화에 따라 이름이 달라요. 겨울철 별자리인 오리온자리와 일년 내내 보이는 큰곰자리는 우리나라에서 각각 삼태성, 북두칠성이라고 불린답니다.

일 년 내내 볼 수 있는 별자리는 무엇이 있을까?

카시오페이아   북극성   북두칠성

우리나라는 적도를 기준으로 북쪽인 북반구에 있어요. 북반구에서는 북쪽에 북극성이 있고, 그 주위를 북두칠성과 카시오페이아 별자리가 돌고 있어요. 북극성과 북두칠성, 카시오페이아 별자리는 우리나라에서 일 년 내내 관측할 수 있고, 아주 옛날부터 있었기 때문에 무덤인 고인돌이나 돌판에도 새겨져 있다고 해요.

우주

태양계

태양계에는 어떤 행성이 있을까?

태양계는 태양을 중심으로 여러 행성이 돌고 있는 공간을 말해요. 행성은 별 주위를 공전하는 천체를 말하는데, 별과 다르게 스스로 빛을 내지 못해요. 태양계의 행성은 태양과 가까운 순서로 수성, 금성, 지구, 화성, 목성, 토성, 천왕성, 해왕성이 있답니다.

고리가 있는 행성은 어떤 행성일까?

태양계의 행성 중 고리가 관측되는 행성은 토성이에요. 토성의 고리는 매우 많은 얼음 덩어리와 먼지, 금속 물질 등으로 이루어져 있어요. 토성이 이 물질을 잡아당기는 힘 때문에 흩어지지 않고 고리 모양을 이룬답니다. 또한, 토성뿐만 아니라 목성, 천왕성, 해왕성에도 고리가 있어요. 하지만 토성만큼 많지 않아서 잘 보이지 않는 거랍니다.

혜성은 무엇일까?

태양계에서 태양을 도는 천체는 행성만 있는 것이 아닙니다. 혜성이라는 천체도 있지요. 지구는 태양을 1년 동안 한 바퀴 돌지만, 혜성은 태양을 한 바퀴 도는 주기가 핼리 혜성처럼 76년 정도인 것이 있고, 헤일-밥 혜성처럼 2500년인 것도 있답니다. 핼리 혜성은 1986년 지구 근처를 지나갔어요. 그래서 2061년쯤에 다시 지구 근처에서 관측할 수 있다고 해요.

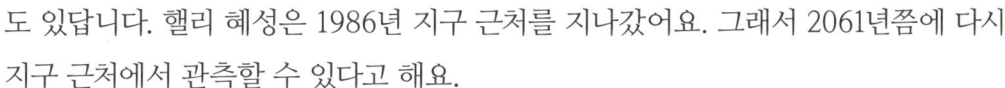

우주

지구가 109개나
들어간다고?!

🌏 태양은 지구보다 몇 배나 클까?

태양은 지구보다 109배가 크다고 해요. 태양에 지구가 일렬로 109개가 들어가는 것이지요. 태양이 오렌지 정도 크기라고 하면, 지구의 크기는 모래 알갱이 정도랍니다.

🌏 우리 은하는 어떻게 생겼을까?

지구와 태양계를 포함하는 은하를 '우리 은하'라고 해요. 우리 은하는 한쪽 끝에서 다른쪽 끝까지 거리가 10만 광년 정도이고, 회오리 모양처럼 중심에서 팔이 뻗어 나온 모습을 하고 있답니다. 우리 은하는 가스 먼지와 수십억 개의 별이 중력으로 함께 모여 있지요. 지구에서 맑은 날 밤에 하늘을 보면 '은하수'라고 부르는 빛의 띠가 보이는데, 그것이 우리 은하의 모습이랍니다.

🌏 블랙홀은 무엇일까?

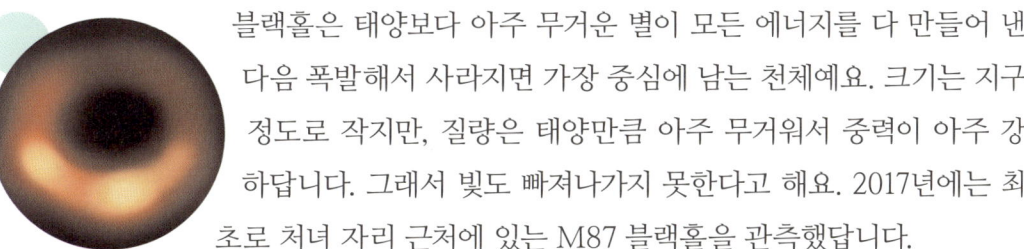

블랙홀은 태양보다 아주 무거운 별이 모든 에너지를 다 만들어 낸 다음 폭발해서 사라지면 가장 중심에 남는 천체예요. 크기는 지구 정도로 작지만, 질량은 태양만큼 아주 무거워서 중력이 아주 강하답니다. 그래서 빛도 빠져나가지 못한다고 해요. 2017년에는 최초로 처녀 자리 근처에 있는 M87 블랙홀을 관측했답니다.

인덱스

자연

강	17	사해	15	눈물샘	29
개울	17	산	13	단백질	33
광물	21	선인장	19	땀	29
광합성	21	성층권	23	머리카락	31
건조	19	소금	15	멜라닌	29, 35
구름	17	수증기	17	모낭	35
굴절	23	순록	11	모세 혈관	33
극지방	23	순환	23	보온	31
남극 대륙	17	스트로마톨라이트	21	백혈구	33
남세균	21	시냇물	17	뼈	27
낙동강	17	에베레스트산	13	상처	33
낙타	19	열권	23	성장 호르몬	35
대기권	23	오아시스	19	세포 분열	35
대륙	13	오로라	23	소화	27
대류권	23	용암	13	소화액	27
돌풍	19	저위도	11	속눈썹	29
마그마	13	중간권	23	신경	31
모래	19	지각 변동	21	영양분	33
무지개	23	지하수	19	위	27
물방울	23	짠맛	15	위벽	27
바닷물	15	침식 작용	19	이마	29
방사성 물질	21			입술	29
백두산	13			잠	37
보존	21	## 우리 몸		적혈구	33
비	17	곱슬머리	35	주근깨	29
빙하	13	꿈	37	체온	31
북극	11	노폐물	33	케라틴	31
북극곰	11	뇌	27, 37	피부	29
북극여우	11	뇌하수체	35	해로운 자외선	31
북극 토끼	11	뇌세포	37	헤모글로빈	33
뼈의 모양	21	눈	29	혈관	29
사막	19	눈동자	35	혈소판	33
		눈물	29	혈액 순환	37

혈장	33	카페인	47	물	69
홍채	35	커피	47	물방울	63, 69
		코코아	47	물질	69
		투명	45	밀도	69
······ 물질 ······		헤모글로빈	41	반사	61
				번개	63
고체	45			비	59, 63
규소	45	······ 자연현상 ······		사이클론	59
껌	47			산수유	57
나트륨	43	가시광선	51	석양	55
남미의 원주민	47	계단	65	수증기	63, 69
녹	41	고비 사막	57	쓰나미	65
다양한 원소	41	고체	69	암석	67
바닷물	43	구름	61, 63	압력	67
불투명	45	기온	61	액체	69
빛	45	기침	57	얼음	69
사포딜라 나무	47	긴 파장	51	얼음 결정	61
산소	41	꽃가루	57	얼음 알갱이	63
석회석	45	노을	55	X(엑스) 선	51
소다	45	눈	61	여름철	59
소금	43	뉴턴	51	열	67
액체	45	대기	55	영하	61
염소	43	대류권	53	온천	67
염전	43	대류 현상	53	용암	67
염화 나트륨	43	대륙판	65	원자력 발전소	65
유리	45	따뜻한 공기	59	윌리윌리	59
이온화	43	땅속	67	자외선	51
적혈구	41	마그마	65, 67	장마	59
증발	43	매화	57	장마전선	59
지구 중심부	41	먹구름	63	재채기	57
철	41	모래	57	적외선	51
철광석	41	모세혈관	61	정전기	63
초콜릿	47	목련	57	중력	53, 63
치클	47	몸무게	53		

지구 대기	55	글러브	79	선교사	79
지구 중심	53	금메달	77	선수	79
지진	65	기타	87	소리	87
지진 해일	65	나라	81	수비	79
지표면	61	낮은음	83	스포츠 경기	77
지하수	67	높은음	83	스피커	87
진달래	57	단성사	75	신디사이저	83
짧은 파장	51	달려라 하니	85	신호	79
차가운 공기	59	대기	89	3D 애니메이션	85
천둥	63	대륙	81	아기 공룡 둘리	85
추운 날씨	61	대륙극장	75	아테네	77
타클라마칸 사막	57	동계 올림픽	77	야구	79
태양	55	동메달	77	양력	73
태풍	59	러시아	81	어쿠스틱 기타	87
파도	65	레슬링	77	업라이트 피아노	83
폭발	67	로마	81	엔진	73
표면	69	로보트태권브이	85	여의도 광장	81
프리즘	51	마라톤	77	연결된 그림	85
하얀 입김	61	마라톤 평원	77	연료	73
화산	67	마이크	87	영토	81
황사	57	만화 영화	85	영화	75
해일	65	매연	89	오존층	89
허리케인	59	모스크바	81	온실	89

상식

		바퀴	73	온실 효과	89
		바티칸	81	올림피아	77
건반	83	발명품	73	올림픽	77
고대 올림픽	77	발전소	89	운반	73
공기 오염	89	반사	87	은메달	77
공격	79	변환	87	의사소통	79
공해 물질	89	비행기	73	이산화탄소	81
국민	81	뽀로로	85	일렉 기타	87
그랜드 피아노	83	사회	81	자동차	73
		생명체	89	자동차 엔진	89

자외선	89	기관	93	비늘	93
장면	75	기생충	109	빛에너지	101
전기 신호	87	기후의 영향	103	뿌리	101
전달	87	꼬마벌새	95	사막의 모래	109
전쟁	77	꽃가루	105	산소	93, 107
전차용 나무 바퀴	73	꿀벌	99	소나무	103
정지된 그림	85	날개	97	수술	105
주권	81	낯선 환경	109	수컷	107
진동판	87	냄새	97	식물	101
춘향전	75	단풍	103	쇠똥구리	99
충돌	87	달걀	95	씨앗	101
컴퓨터	85	더듬이	99	아가미	93
클래식 기타	87	동물의 배설물	99	암술	105
타자	79	동물의 피	97	에너지	101
통기타	87	둥지	95	영양분	101
투수	79	따뜻한 지역	103	엽록소	101, 103
포수	79	떡갈나무	103	엽록체	101
프레온 가스	89	라플레시아	105	이산화탄소	93
프로 야구	79	루시페린	107	입	93
피아노	83	매미	107	잠자리	99
현	83	메추리 알	95	점액질	93
홍길동	85	모기	97	조류	93
휘발유	89	물고기	93	중력	101
		박테리아	93	진동	97
		발음근	107	천적	95
동물과 식물		방울뱀	109	추운 지역	103
건강	109	뱀	109	춤	99
광합성	101, 103	뱀장어	93	코	93
곤충	97	번식	105	타원형	95
공기	93, 97	보존	103	타조	95
곰팡이	93	보호	93, 95	파리지옥	101
균형	93	부레	93	폐	93
귀뚜라미	107	분개구리밥	105	플라타너스	103

피부	97
핏줄	97
화학 반응	107
향기	105
향나무	103
허물	109
혀	109
후각 신경	109
히루딘	97
히스타민	97

우주

가스 먼지	121
고리	119
고인돌	117
그리스 신화	117
금성	119
금속 물질	119
높은 온도	115
닐 암스트롱	113
달	113
달의 표면	113
돌판	117
만유인력	113
먼지	119
목성	119
반달	113
발자국	113
별	115
별자리	117
보름달	113
부딪힌 자국	113
북두칠성	117
북반구	117
블랙홀	121
빛	119
삼태성	117
수성	119
수소	115
압력	115
얼음 덩어리	119
에너지	115
오리온자리	117
우리 은하	121
우주 공간	113
우주 비행사	113
우주선	113
운석	113
유목민	117
유프라테스강	117
은하수	121
위성	113
적도	117
중력	121
지구	113, 119
착륙	113
처녀자리	121
천왕성	119
천체	115, 119
초승달	113
카시오페이아	117
큰곰자리	117
태양	115, 121
태양계	119, 121
토성	119
티그리스강	117
해왕성	119
핵융합 반응	115
핼리 해성	119
행성	119
혜성	119
화성	119
회오리 모양	121